Rebeca Pardo García

APULEYO EDICIONES   FOMENTO DE VALORES   CUENTOS ILUSTRADOS

No te olvides de... ¡sentir!

APULEYO EDICIONES   FOMENTO DE VALORES   CUENTOS ILUSTRADOS

DEDICADO...

A mi hija, Claudia, mi "Salvadora", mi "Princesa de los Mares del Sur", por y para quien sigo en el camino de aprender, crecer y ser cada día mejor persona...

A Edu, por llevarme al "despertar", a crecer... Por creer en mí, en mi capacidad, en mi potencial, por alentarme e inspirarme... Por toda tu ayuda... Por querernos tanto...

A mi madre, que siempre me sostiene...
A mi padre, por tu ayuda y siempre estar ahí...
A mi hermana, por tu protección, ayuda y presencia...
A Jaime, por ser el mejor padre para nuestra hija...

A mi abuela Rosaura, mi gran desconocida...
A mi abuela Oti, por todo y por tanto...

A vosotros, lectores, pequeños y mayores; espero que disfrutéis de este libro y seáis cada día vuestras mejores versiones y cada vez más felices.

A todos
Gracias Gracias Gracias

Un día, Claudia y su mamá decidieron inventar...
¡Un cuento chiquitín para con vosotros compartir!

¡¡Allá va!!

Hace no mucho tiempo...

En nuestros bosques, los pinos y robles comenzaron
a respirar como hacía años atrás...

Y a las mariposas, más libres que nunca las vimos volar.

Las personas no podíamos salir de nuestros hogares
y eso nos ayudó a tener más tiempo para parar,
para pensar, para sentir, para reflexionar...
Y ¡¡para jugar!!

¡Al menos, algo bueno íbamos a sacar!

Sólo podíamos salir a comprar lo necesario y a los perros pasear.

¡Comentemos y hagamos juntos sus posturas para disfrutar!

Perro que mira hacia abajo, perro que mira hacia arriba, perro que mira hacia abajo, la pata derecha estira... Perro que mira hacia arriba, el lomo relaja, perro que mira hacia abajo, la pata izquierda levanta y de hacer pis acaba...

Gracias a esto, nuestro Planeta,
La Tierra, mejoró, respiró.

A los pájaros, mucho mejor los escuchamos cantar y
hasta en nuestras costas, a los delfines vimos saltar.

¡Era como si la Naturaleza hubiese
recuperado su libertad!

Pero también hubo alguna parte no muy buena...
No podíamos ver nuestras sonrisas, no podíamos
acariciarnos, besarnos ni abrazarnos.

Así que, como esto no fue hace mucho tiempo, no
olvidemos el hecho de que ahora, de nuevo, podemos.

Podemos acariciarnos, besarnos, abrazarnos... Y
querernos, amarnos... Y, sobre todo, podemos y debemos
ser niños felices, sonreír y ¡SENTIR!

Para ello, tenéis que respirar y relajados estar...

Este cortito cuento ya se ha terminado, esperamos que os haya gustado y cerréis el libro entusiasmados.

Om... Omm... Ommm...

Namasté, os veo y os saludo con amor, mis peques,
y siempre recordad que os quedan muuuuchas
historias por vivir y disfrutar...

Y las gracias por eso vamos a dar:

GRACIAS, GRACIAS, GRACIAS.

GLOSARIO

Significado de la simbología de las Guardas y de Yoga

Om: Es un símbolo sagrado en el hinduísmo.
Se considera el primer sonido/vibración del Universo y un mantra (canción) que simboliza la conexión espiritual y la Unidad.

Flor de Loto: En el budismo es un símbolo de renovación y superación, ya que dicha flor nace hermosa a pesar de crecer en aguas fangosas, con barro.
También es un símbolo de pureza, inocencia, amistad incondicional y amor puro.

Yoga: Significa Unión, es un sistema de educación integral, teniendo en cuenta cuerpo y mente, hacer yoga es como jugar a hacer posturas mágicas que nos ayudan a fortalecernos, relajarnos y conocernos mejor. Así conseguimos sentirnos bien.

Descripción de las posturas "yoguinis" (yóguicas) en orden de aparición y sus beneficios

Árbol (Vrksasana): Mantén tus pies en el suelo como raíces y tus brazos arriba como ramas, flexiona una pierna y apóyala en la contraria, por debajo o por encima de la rodilla.
Mejora el equilibrio y fortalece piernas y columna vertebral.
¡Siéntete fuerte, equilibrado y sabio como un árbol!

Respiración del globo: Cuando cojas aire (inhalar) imagina que inflas un globo que irás elevando poco a poco para llegar hasta las estrellas. Cuando sueltes ese aire (exhalar) nota que el globo vuelve contigo. Siente tu tripita subir y bajar.
Fomenta la relajación y la concentración.

Roble: Igual que la postura del árbol, en pareja.

Mariposa (Baddha Konasana): Siéntate con las piernas flexionadas, las plantas de los pies juntas y mueve las piernas hacia arriba y hacia abajo.
Mejora la flexibilidad de las caderas, estira los músculos de las ingles y piernas, alivia la espalda y libera emociones.
¡Siéntete como una mariposa abriendo y cerrando tus alas, volarás!

Perro que mira hacia abajo (Adho MukhaSvanasana): Colócate con las manos apoyadas en el suelo y brazos y piernas estiradas, mirando al suelo formando una V invertida.
Fortalece tus brazos y piernas, estira la columna vertebral y mejora la circulación sanguínea.
¡Siéntete como un perro saludando al centro de La Tierra!

Perro que mira hacia arriba (Urdhva MukhaSvanasana): Partiendo de la anterior postura, colócate arqueando, relajando y estirando la espalda, mirando hacia arriba. Fortalece el abdomen, relaja espalda y hombros, estira los músculos de las piernas y abre el pecho.
¡Siéntete como un perro saludando al Sol!

Pájaro (Kakasana): Mantén el equilibrio con una pierna y estira tus brazos como si fueran tus alas.
Fortalece piernas y brazos y mejora la concentración y el equilibrio.
¡Siéntete libre como un pájaro y vuela!

Delfín (Ardha Pincha Mayurasana): Colócate con los antebrazos en el suelo, el cuerpo y las piernas forman una V invertida, sube y baja las caderas.
Fortalece brazos, piernas y espalda. Ayuda a mejorar la postura.
¡Siéntete como un delfín nadando en el precioso mar!

Bebé feliz (Ananda Balasana): Colócate boca arriba y agárrate los dedos pulgares de los pies con tus manos para balancearte de un lado a otro.
Relaja la espalda, estira la columna y alivia el estrés.
¡Siéntete como un bebé contento!

Niño (Balasana): Siéntate sobre tus talones, inclínate hacia delante con los brazos extendidos hacia atrás y apoya tu frente y nariz sobre el suelo. Como un ovillo o un huevito.
Estira la espalda y los hombros. Relaja la mente, alivia la fatiga y el estrés, hace descansar el cuerpo y sentirse tranquilo.
¡Siéntete en calma como cuando abrazas a tu peluche favorito!

Libro/Pinza (Pashchimottanasana): Siéntate con las piernas estiradas, empieza con los brazos en alto e inclínalos hasta tocarte las piernas o los pies.
Mejora la flexibilidad de la columna vertebral y estira la espalda y las piernas.
¡Siéntete como un libro cerrándose!

Flor de Loto/Postura fácil (Padmasana): Siéntate con las piernas cruzadas y si quieres lleva las manos juntas hacia el pecho, o descansando sobre tu vientre o tus rodillas.
Calma la mente y el cuerpo.
Fomenta la concentración.
¡Siéntete como una bonita flor!

Audio cuento, voz Claudia

Audio cuento, voz mamá

Interpretación Lengua Signos

ACTIVIDAD:

Representaciones de MANDALAS para colorear.

© Rebeca Pardo García (de la obra)
©Apuleyo Ediciones (de esta edición)
Primera edición en Apuleyo Ediciones: marzo 2024
Diseño de cubierta: Sofía Corzo González
Corrección: Aitor Andreu Guerrero
Maquetación: Domingo Carrasco Martín
Ilustraciones: Ayelen Calabro
Coordinación editorial: Isidoro Cidre González
info@apuleyoediciones.com
www.apuleyoediciones.com
ISBN: 978-84-19938-82-4
Depósito legal: H 332-2023

Hecho e impreso en España.

No te olvides de... ¡sentir!

APULEYO EDICIONES   FOMENTO DE VALORES   CUENTOS ILUSTRADOS

Rebeca Pardo García

APULEYO EDICIONES   FOMENTO DE VALORES   CUENTOS ILUSTRADOS